動物《どうぶつ》かくれんぼ川柳《せんりゅう》

いたずらっこ いるかいないか

有田沙梨子《あるたさりこ》◉さく　熊谷博人《くまがいひろと》◉え

かもがわ出版《しゅっぱん》

この本《ほん》の使《つか》い方《かた》

五《ご》・七《しち》・五《ご》の川柳《せんりゅう》のリズムのなかに、いろいろな動物《どうぶつ》がかくれているよ。
動物《どうぶつ》をさがしながら、あそんでみてね！

人間《にんげん》や鳥《とり》やけもの、身近《みぢか》にいる虫《むし》や魚《さかな》などの生《い》き物《もの》は、みんな動物《どうぶつ》の仲間《なかま》だよ。

五《ご》・七《しち》・五《ご》という数《かず》の決《き》まった型《かた》の詩《し》には俳句《はいく》と川柳《せんりゅう》があるよ。俳句《はいく》には季節《きせつ》のことばを入《い》れる決《き》まりがあるけれど、川《せん》柳《りゅう》にはそれがない。私《わたし》たちがふだん話《はな》すことばで、世《よ》の中《なか》のことをおもしろく表《あらわ》す五《ご》・七《しち》・五《ご》の短《みじか》い詩《し》が川柳《せんりゅう》だよ。

動物《どうぶつ》かくれんぼ川柳《せんりゅう》

質問《しつもん》

五《ご》・七《しち》・五《ご》のなかに、どんな動《どう》物《ぶつ》がかくれているかな？ シルエット（かげ）をヒントに考《かんが》えてみよう。

種類《しゅるい》の数《かず》

1つの川柳《せんりゅう》に、1～5種《しゅ》類《るい》の動物《どうぶつ》がかくれんぼ。ページが進《すす》むごとに、むずかしくなっていくよ。

答《こたえ》

かくれていた動物《どうぶつ》の名前《なまえ》を、赤《あか》や青《あお》や緑《みどり》などの色《いろ》で示《しめ》しているよ。

右《みぎ》ページ　　左《ひだり》ページ

ヒント

動物《どうぶつ》のからだの一部分《いちぶぶん》が見《み》えているよ。

ミニ知識《ちしき》

かくれていた動物《どうぶつ》たちの特《とく》ちょうが書《か》かれているよ。何度も出てくる動物の説明は（→〇ページ）も見てね。

きゅうくつに
なってこりごり
ランドセル

ヒント!

かくれている
動物《どうぶつ》の種類《しゅるい》は

1

きゅうくつになってこりごりランドセル

ゴリラ

大《おお》むかしに共通《きょうつう》の祖先《そせん》から分《わ》かれて、ヒトによく似《に》ているゴリラは、おもにアフリカの森林《しんりん》で暮《く》らしているよ。日本《にほん》の動物園《どうぶつえん》で見られるのはニシゴリラという種類《しゅるい》。胸《むね》をたたく動作《どうさ》はコミュニケーションをとるためだといわれているよ。

学校《がっこう》も
ぐらつく今朝《けさ》の
大《おお》じしん

ヒント!
かくれている
動物《どうぶつ》の種類《しゅるい》は
1

がっこうもぐらつくけさのおおじしん

モグラ

モグラの仲間《なかま》のほとんどは土《つち》のなかで暮《く》らしているんだ。大《おお》きな前足《まえあし》を使《つか》ってトンネルを掘《ほ》って、ミミズやこん虫《ちゅう》を食《た》べているよ。冬《ふゆ》から春《はる》にかけて畑《はたけ》や公園《こうえん》に現《あらわ》れる盛《も》り上《あ》がったモグラ塚《づか》は、モグラが地上《ちじょう》におし出《だ》した土《つち》だよ(→30ページ)。

ヒント!

かくれている
動物《どうぶつ》の種類《しゅるい》は
1

へそくりを
たんすにしまう
ママにんまり

へそくりをたんすにしまうママにんまり
シマウマ

シマウマのからだには白《しろ》と黒《くろ》のしま模様《もよう》があるけれど、一頭一頭《いっとういっとう》、模様《もよう》がちがうんだよ。このしまは集団《しゅうだん》でいるときに敵《てき》から身《み》を守《まも》るためとか、虫《むし》を寄《よ》せつけないためとかいわれている。ウマの仲間《なかま》だけど、背骨《せぼね》が弱《よわ》いので人間《にんげん》は乗《の》れないよ。

ヒント!
かくれている
動物《どうぶつ》の種類《しゅるい》は
1

ほおたたき
つねってみても
夢《ゆめ》の中《なか》

ほおたたきつねってみてもゆめのなか

キツネ

むかし話《ばなし》や伝説《てんせつ》によく出《て》てくるキツネはイヌと同《おな》じ仲間《なかま》で、大《おお》きな三角《さんかく》の耳《みみ》とふさふさの長《なが》いしっぽが特《とく》ちょうなんだ。日本《にほん》ではキツネは神様《かみさま》の使《つか》いともされていて、おいなりさんとして神社《じんじゃ》にもまつられているよ。見《み》たことあるかな?

けんかして
たんこぶたくさん
心《こころ》にも

ヒント!
かくれている
動物《どうぶつ》の種類《しゅるい》は
1

けんかしてたんこぶたくさんこころにも
ブタ

ブタは家《か》ちくとしても、ペットとしても、わたしたちの生活《せいかつ》にはとても身近《みぢか》な動物《どうぶつ》。こわがりやだけれど、人なつこくてきれい好《ず》き。トイレ、寝《ね》る場所《ばしょ》、食《た》べる場所《ばしょ》を区別《くべつ》するほど知能《ちのう》が高《たか》い動物《どうぶつ》としても知《し》られているよ。世界《せかい》じゅうで、幸運《こううん》を運《はこ》んでくる動物《どうぶつ》とされているよ。

強《つよ》すぎる
早《はや》く「弱《じゃく》」にして
扇風機《せんぷうき》

ヒント!
かくれている
動物《どうぶつ》の種類《しゅるい》は
2

クジャク
つよすぎるはやくじゃくにしてせんぷうき
ヤク

ヤクはウシの仲間《なかま》。黒《くろ》っぽい長《なが》いじょうぶな毛《け》が特《とく》ちょうだよ。広《ひろ》げると長《なが》くてあざやかな目玉《めだま》もようの羽《はね》を持《も》つクジャク。羽《はね》を広《ひろ》げるのは、オスがメスに向《む》かってきれいな姿《すがた》を見《み》せるためなんだ。羽《はね》は大《おお》きいけれど、長《なが》い距離《きょり》を飛《と》ぶことは苦手《にがて》。野生《やせい》のクジャクは、夜《よる》、木《き》の上《うえ》で眠《ねむ》るよ。

ヒント!
かくれている
動物《どうぶつ》の種類《しゅるい》は
2

好《す》きなんだ
ちょうだいぼくに
そのケーキ

チョウ

すきなんだちょうだいぼくにそのケーキ

ダチョウ

ダチョウは、アフリカの草原《そうげん》にすんでいて、世界《せかい》じゅうにいる鳥《とり》の仲間《なかま》のなかでいちばん大《おお》きい鳥《とり》。空《そら》を飛《と》ぶことはできないけれど、自動車《じどうしゃ》の走《はし》る速度《そくど》と同《おな》じくらい速《はや》く走《はし》ることができるよ。チョウは、春《はる》になるとひらひらと飛《と》びはじめるこん虫《ちゅう》だよ。(→20・66・74ページ)。

一年生《いちねんせい》
うちに帰《かえ》ると
すぐじゅくだ

ヒント!
かくれている
動物《どうぶつ》の種類《しゅるい》は
2

カエル

いちねんせいうちにかえるとすぐじゅくだ

セイウチ

セイウチはおもに北極《ほっきょく》けんの氷《こおり》の上《うえ》で生活《せいかつ》していて、長《なが》いきばを持《も》っている。からだが大《おお》きいので、漢字《かんじ》では「海象《うみぞう》」と書《か》くよ。カエルは陸《りく》の上《うえ》でも水《みず》のなかでも生《い》きられる。田《た》んぼや池《いけ》のまわりで見《み》られるのは、アマガエルやヒキガエルだよ。

学校《がっこう》の
とりわけみごとな
大《おお》いちょう

ヒント!
かくれている
動物《どうぶつ》の種類《しゅるい》は
2

チョウ

がっこうのとりわけみごとなおおいちょう

コウノトリ

コウノトリは、羽《はね》を広《ひろ》げると2メートルにもなる大型《おおがた》の鳥《とり》だよ。「コウノトリが赤《あか》ちゃんを運《はこ》んでくる」という考《かんが》えはヨーロッパから伝《つた》わったんだ。日本《にほん》にすむチョウはアゲハチョウ、シロチョウ、シジミチョウなど約《やく》240種類《しゅるい》もいるよ(→16・66・74ページ)。

フライパン
だめよ楽器《がっき》に
しちゃったら

ヒント!
かくれている
動物《どうぶつ》の種類《しゅるい》は
2

タラ

フライパンだめよがっきにしちゃったら

パンダ

動物園《どうぶつえん》の人気者《にんきもの》パンダは、中国《ちゅうごく》の山《やま》にすんでいる、数《かず》が少《すく》なく世界《せかい》でもめずらしいクマの仲間《なかま》。白《しろ》と黒《くろ》の模様《もよう》が特《とく》ちょうで、竹《たけ》やササを食《た》べるよ。タラは、北《きた》の寒《さむ》い海《うみ》で泳《およ》いでいる魚《さかな》。煮《に》たり、焼《や》いたり、干《ほ》したりして食《た》べるよ。

ホームラン
家《いえ》の屋根《やね》こえ
びっくりだ

ヒント!

かくれている
動物《どうぶつ》の種類《しゅるい》は

2

ホームランいえのやねこ《ネコ》えび《エビ》っくりだ

ネコは世界《せかい》じゅうで人気《にんき》のある、大《おお》むかしから人間《にんげん》のそばにいた動物《どうぶつ》。夜《よる》には目《め》が光《ひか》るよ(→26・46
ページ)。エビのからだは、固《かた》いからでおおわれている。ゆでると赤《あか》くなって老人《ろうじん》のように背《せ》が丸《まる》くなるので、長生《ながい》きを表《あらわ》すえんぎがいい動物《どうぶつ》とされているんだよ。

きょうもねず
見《み》回《まわ》り父《とう》さん
ねこまぬよう

ヒント!
かくれている
動物《どうぶつ》の種類《しゅるい》は
2

きょうもねずみ《ネズミ》まわりとうさんねこ《ネコ》まぬよう

ネズミには家《いえ》ネズミと野《の》ネズミがいる。夜行性《やこうせい》で、せまくて暗《くら》いところが好《す》きなんだ。子《こ》どもをたくさん産《う》むのでえんぎがいい動物《どうぶつ》だともいわれている。ネコはなんにでも興味《きょうみ》を持《も》ち、動《うご》くものを見《み》ると、よく追《お》いかけるよ（→24・46ページ）。

ケーキ屋《や》さん
ママが大好《だいす》き
りんごパイ

ヒント!
かくれている
動物《どうぶつ》の種類《しゅるい》は
2

キリン

ケーキやさんママがだいすきりんごパイ

サンマ

秋《あき》になると魚屋《さかなや》さんに並《なら》ぶ魚《さかな》のひとつがサンマ。刀《かたな》のような細《ほそ》い形《かたち》をしているので「秋刀魚《さんま》」と書《か》くよ。キリンは陸上《りくじょう》でもっとも背《せ》が高《たか》く、首《くび》の長《なが》い動物《どうぶつ》。黒《くろ》っぽい長《なが》い舌《した》を使《つか》って、器用《きよう》に木《き》の枝《えだ》や皮《かわ》などを食《た》べるよ（→54ページ）。

今晩《こんばん》も
グラタンにしてねと
ラインする

ヒント!
かくれている
動物《どうぶつ》の種類《しゅるい》は
2

トラ
こんばんもグラタンにしてねとラインする
モグラ

モグラはほとんど目《め》が見《み》えないけれど耳《みみ》がよくて、においを感《かん》じる力《ちから》が発達《はったつ》しているよ(→6ページ)。トラはネコの仲間《なかま》のなかでいちばん大《おお》きくて力《ちから》の強《つよ》い動物《どうぶつ》。黄色《きいろ》っぽいからだに黒《くろ》いしま模様《もよう》があるよ(→34ページ)。

実《みの》りの秋《あき》
くさいというな
ぎんなんを

ヒント!
かくれている
動物《どうぶつ》の種類《しゅるい》は
2

みのりのあきくさい《サイ》といううなぎ《ウナギ》んなんを

サイの角《つの》は皮《ひ》ふが変化《へんか》したもので、ひづめがあるウマやウシと同《おな》じ仲間《なかま》だよ（→68ページ）。ウナギは、ふだんは川《かわ》や沼《ぬま》にすんでいるけれど、卵《たまご》を産《う》むときは海《うみ》に行《い》く、なぞの多《おお》い動物《どうぶつ》。細長《ほそなが》くぬるぬるしていて、とても栄養《えいよう》があるんだ。

遊園地《ゆうえんち》

アトラクションは混《こ》んどるよ

ヒント!
かくれている
動物《どうぶつ》の種類《しゅるい》は
2

コンドル

ゆうえんちアトラクションはこんどるよ

トラ

9種類《しゅるい》いるトラのなかでいちばん大《おお》きいトラは、寒《さむ》いシベリアにすむアムールトラ(→30ページ)。コンドルは空《そら》を飛《と》べる鳥《とり》のなかでももっとも大《おお》き鳥《とり》だよ。つばさを広《ひろ》げると3メートルにもなる。風《かぜ》に乗《の》って空《そら》を飛《と》ぶよ。

ヒント!

かくれている
動物《どうぶつ》の種類《しゅるい》は

2

よくかめと
いわれていても
飲《の》みこんだ

よくかめ《カメ》といわれていてものみ《ノミ》こんだ

カメは固《かた》いこうらを持《も》っていて、頭《あたま》と首《くび》、手足《てあし》を出《だ》したり引《ひ》っこめたりできる(→64ページ)。ノミは体長《たいちょう》1～9ミリの小《ちい》さなこん虫《ちゅう》で、とび上《あ》がる能力《のうりょく》はばつぐん。イヌやネコやヒトの血《ち》を吸《す》って生《い》きているんだ。吸《す》われたところは赤《あか》くなってかゆいよ。

失敗《しっぱい》から
すごいパンが
生《う》まれたよ

ヒント!

かくれている
動物《どうぶつ》の種類《しゅるい》は

3

イカ　ウマ

しっぱいからすごいパンがうまれたよ

カラス

カラスは真《ま》っ黒《くろ》で、ゴミをあさるのできらわれているけれど、頭《あたま》のいい鳥《とり》だよ。家《か》ちくとしてかわれているウマは、荷物《にもつ》を運《はこ》んだり畑《はたけ》を耕《たがや》したりする力《ちから》の強《つよ》い、やさしい動物《どうぶつ》(→46・52ページ)。イカには背骨《せぼね》がないんだよ(→48・54・68・72・76・78ページ)。

さあ昼《ひる》だ
さっさと食《く》いな
弁当《べんとう》を

ヒント!
かくれている
動物《どうぶつ》の種類《しゅるい》は
3

ヒル

さあひるだささっさとくいなべんとうを

アヒル　クイナ

アヒルは野生《やせい》のカモを家《か》ちくにした鳥《とり》で、黄色《きいろ》い足《あし》に大《おお》きな水《みず》かきが付《つ》いていて泳《およ》ぎが得意《とくい》。羽毛《うもう》はダウンジャケットにも使《つか》われる。赤《あか》いくちばしと足《あし》が特《とく》ちょうのクイナは水田《すいてん》や森《もり》にすむ鳥《とり》。沖縄《おきなわ》にいるヤンバルクイナは空《そら》を飛《と》べない。ヒルは動物《どうぶつ》の血《ち》を吸《す》う生《い》き物《もの》だよ。

チョコレート
これしかないの
試《し》食《しょく》会《かい》

ヒント!
かくれている
動物《どうぶつ》の種類《しゅるい》は
3

イノシシ

チョコレートこれしかないのししょくかい

シカ　カイ

シカは森《もり》や草原《そうげん》にすむ、おとなしい動物《どうぶつ》(→48・56・64・76ページ)。イノシシにはするどいきばとどがった鼻《はな》があり、においにびん感《かん》。カイはぐるぐる巻《ま》きの形《かたち》をした巻貝《まきがい》と、2枚《まい》のからでからだをはさむように包《つつ》んでいる二枚貝《にまいがい》がある(→54・58・68・78ページ)。

気《き》になる子《こ》
ブランコいっしょに
乗《の》りたいな

ヒント!
かくれている
動物《どうぶつ》の種類《しゅるい》は
3

コイ

きになるこブランコいっしょにのりたいな

コブラ　タイ

コブラはヘビの仲間《なかま》。きばと毒《どく》を持《も》ち、興奮《こうふん》するとからだの前部《ぜんぶ》を直立《ちょくりつ》させるよ。川《かわ》や沼《ぬま》にすむコイには長《なが》い背《せ》びれと口《くち》ひげがある。水草《みずくさ》や貝類《かいるい》を食《た》べるけれど、胃袋《いぶくろ》はない(→70・78ページ)。タイは赤《あか》くておめでたいとされている魚《さかな》だよ(→52・70ページ)。

このあんこ
うまくできたね
こどもの日《ひ》

ヒント!
かくれている
動物《どうぶつ》の種類《しゅるい》は
3

ウマ

このあんこうまくできたねこどものひ

アンコウ　ネコ

アンコウは海《うみ》の深《ふか》いところにすんでいる魚《さかな》で、大《おお》きな口《くち》とするどい歯《は》を持《も》っているよ。ナベに入《い》れて食《た》べるとおいしい。ウマの首《くび》に生《は》えている毛《け》のことをたてがみというんだ(→38・52ページ)。ネコはからだがやわらかくて、高《たか》いところから飛《と》び下《お》りるのもじょうずだよ(→24・26ページ)。

ヒント!
かくれている
動物《どうぶつ》の種類《しゅるい》は
3

あれはだめ
だからいかんと
しかるパパ

イカ

あれはだめだからいかんとしかるパパ

メダカ　シカ

メダカは3.5センチほどの小《ちい》さな魚《さかな》で、目《め》が上《うえ》の方《ほう》に付《つ》いていて背中《せなか》が平《ひら》たい。日本《にほん》じゅうの川《かわ》で見《み》られていたけれど、数《かず》が減《へ》っている。イカの足《あし》は頭《あたま》から生《は》えているんだよ(→38・54・68・72・76・78ページ)。オスのシカには立派《りっぱ》な角《つの》が生《は》えているよ(→42・56・64・76ページ)。

ヒント!
かくれている
動物《どうぶつ》の種類《しゅるい》は
3

好《す》きだけど
始終《しじゅう》からぶり
また転《ころ》ぶ

ブリ

すきだけどしじゅうからぶりまたころぶ

シジュウカラ　タコ

シジュウカラは黒《くろ》いネクタイのような模様《もよう》がある、スズメほどの大《おお》きさの鳥《とり》。ブリは成長《せいちょう》して呼《よ》び名《な》が変《か》わる魚《さかな》。関東《かんとう》ではワカシ→イナダ→ワラサ、関西《かんさい》ではモジャコ→ツバス→ハマチ→メジロからブリに。タコは8本《ほん》の長《なが》いうでと大《おお》きな頭《あたま》を持《も》つ、からだがやわらかい動物《どうぶつ》だよ。

ヒント!
かくれている
動物《どうぶつ》の種類《しゅるい》は
3

ときめくよ
行《い》ってみたいな
宇宙《うちゅう》まで

タイ

ときめくよいってみたいなうちゅうまで

トキ　　　　　　　　　　　　　　　　ウマ

トキはつばさと尾羽《おばね》の淡《あわ》いピンク色《いろ》(とき色《いろ》)が美《うつく》しい、サギに似《に》た鳥《とり》(→74ページ)。数《かず》が減《へ》っているので、保護《ほご》活動《かつどう》が行《おこな》われているよ。魚《さかな》の王者《おうじゃ》と呼《よ》ばれるタイは栄養《えいよう》もあっておいしい(→44・70ページ)。ウマがブルルッと鼻《はな》を鳴《な》らすのは、鳴《な》き声《こえ》のひとつでもあるんだ(→38・46ページ)。

ヒント!
かくれている
動物《どうぶつ》の種類《しゅるい》は
3

かぜをひき
りんごのような
赤《あか》い顔《かお》

カイ

かぜをひきりんごのようなあかいかお

キリン　イカ

キリンはまつげが長《なが》いから、目《め》のなかにゴミが入《はい》りにくいんだ(→28ページ)。二枚貝《にまいがい》は貝《かい》がらの間《あいだ》から管《くだ》を出して、水中《すいちゅう》のプランクトンを食《た》べるよ(→42・58・68・78ページ)。深海にすむダイオウイカは、長さが平均10メートルにもなるんだって(→38・48・68・72・76・78ページ)。

しかられて
泣《な》いているから
かばい合《あ》い

ヒント!
かくれている
動物《どうぶつ》の種類《しゅるい》は
3

イルカ

しかられてないているからかばいあい

シカ　カバ

シカには胃袋《いぶくろ》が4つあるよ(→42・48・64・76ページ)。海《うみ》にすむイルカは、母親《ははおや》のおなかのなかで大《おお》きくなった赤《あか》ちゃんを産《う》むほ乳類《にゅうるい》。(→78ページ)。カバも泳《およ》ぎが得意《とくい》で、水《みず》のなかで赤《あか》ちゃんを産《う》むんだ。身《み》を守《まも》るときは、口《くち》を大《おお》きくあけて敵《てき》をおどすよ。

合唱《がっしょう》は
声《こえ》たかだかに
音楽会《おんがくかい》

ヒント!
かくれている
動物《どうぶつ》の種類《しゅるい》は
3

カニ

がっしょうはこえたかだかにおんがくかい

タカ　カイ

タカはするどいつめと先《さき》が曲《ま》がったくちばしを持《も》っている勇《いさ》ましい鳥《とり》(→62ページ)。カニは2本《ほん》のはさみと4本《ほん》の足《あし》で横歩《よこある》きをする。固《かた》いこうらでからだを守《まも》っているよ。サザエやアワビも巻貝《まきがい》の仲《なか》間《ま》だよ(→42・54・68・78ページ)。

学校《がっこう》の
庭《にわ》にはち植《う》え
アマリリス

ヒント!
かくれている
動物《どうぶつ》の種類《しゅるい》は
3

ハチ

がっこうのにわにはちうえアマリリス

ワニ　リス

ワニは大《おお》きな頭《あたま》に細《ほそ》い口《くち》、長《なが》いからだをした、水辺《みずべ》にすんでいる肉食《にくしょく》の動物《どうぶつ》。身近《みぢか》にいるハチはミツバチ。ほかに、毒《どく》のあるスズメバチやアシナガバチなどがいるよ。リスは大《おお》きな前歯《まえば》を持《も》った小型《こがた》の動物《どうぶつ》で、ふさふさした大《おお》きなしっぽがあるよ。(→76ページ)。

宝《たから》くじ
いい夢《ゆめ》見《み》たが
目《め》が覚《さ》めた

ヒント!

かくれている
動物《どうぶつ》の種類《しゅるい》は

3

タガメ

たからくじいいゆめみたがめがさめた

タカ　　サメ

タガメはおもに田《た》んぼで暮《く》らす大《おお》きなこん虫《ちゅう》で、ドジョウやオタマジャクシを食《た》べるよ。海《うみ》にいて、こわいイメージのサメだけれど、ヒトを食《た》べるサメは、400種類《しゅるい》もいる仲間《なかま》のなかでほんの一部《いちぶ》なんだ。もうきん類のタカの主食《しゅしょく》は小鳥《ことり》や小動物《しょうどうぶつ》だよ(→58ページ)。

しかめ面《つら》
整理《せいり》せいとん
ぼく苦手《にがて》

ヒント!
かくれている
動物《どうぶつ》の種類《しゅるい》は
3

カメ

しかめつらせいりせいとんぼくにがて

シカ　トンボ

シカは危《あぶ》ないと感《かん》じたらお尻《しり》の白《しろ》い毛《け》を逆立《さかだ》てて仲間《なかま》に知《し》らせるよ(→42・48・56・76ページ)。秋《あき》になると見《み》られるトンボは2億年《おくねん》も前《まえ》からいたといわれるこん虫《ちゅう》で、幼虫《ようちゅう》は水《みず》のなかで暮《く》らす。カメは寒《さむ》くなると土《つち》や水《みず》のなかで冬眠《とうみん》するよ(→36ページ)。

ちょうかれい
またぬきシュート
初《はつ》ゴール

ヒント!
かくれている
動物《どうぶつ》の種類《しゅるい》は
3

ちょう《チョウ》かれい《カレイ》またぬき《タヌキ》シュートはつゴール

カレイは平《ひら》たい形《かたち》をした魚《さかな》で、両目《りょうめ》はからだの右側《みぎがわ》に付《つ》いている。砂《すな》やどろに近《ちか》い色《いろ》をして海《うみ》の底《そこ》にいるよ。むかし話《ばなし》によく出《で》てくるタヌキはイヌの仲間《なかま》で、夜《よる》に行動《こうどう》することが多《おお》い。大型《おおがた》のアサギマダラというチョウは、海《いみ》を渡《わた》って移動《いどう》するよ(→16・20・74ページ)。

今日《きょう》てつや
ギター練習《れんしゅう》
再開《さいかい》だ

ヒント!
かくれている
動物《どうぶつ》の種類《しゅるい》は
4

サイカイ

きょうてつやギターれんしゅうさいかいだ

ヤギ　イカ

ヤギは、葉《は》っぱや木《き》の皮《かわ》などを食べるおとなしい動物《どうぶつ》。ウシの仲間《なかま》で、胃袋《いぶくろ》を4つも持《も》っているんだよ。サイはどろを浴《あ》びるのが好《す》き(→32ページ)。巻貝《まきがい》は時計《とけい》の針《はり》が動《うご》く向《む》きと同《おな》じ右巻《みぎま》きが多《おお》いよ(→42・54・58・78ページ)。イカは38・48・54・72・76・78ページも見《み》てね。

ヒント!
かくれている
動物《どうぶつ》の種類《しゅるい》は
4

冷《れい》蔵《ぞう》庫《こ》
入《い》れた板《いた》チョコ
消《き》えちゃった

コイ　イタチ

れいぞうこいれたいたチョコきえちゃった

ゾウ　タイ

長《なが》い鼻《はな》と大《おお》きな耳《みみ》を持《も》つゾウは動物園《どうぶつえん》の人気者《にんきもの》。アフリカゾウとアジアゾウの2種類《しゅるい》がいる。イタチは細長《ほそなが》いからだで、かべを登《のぼ》ることができるよ。色《いろ》や模様《もよう》のきれいなコイはニシキゴイといって国内《こくない》外《がい》で人気《にんき》だよ(→44・78ページ)。タイは44・52ページも見《み》てね。

がんばれば
願《ねが》いかなうさ
銀《ぎん》メダル

ヒント!
かくれている
動物《どうぶつ》の種類《しゅるい》は
4

イカ　サギ

がんばればねがいかなうさぎんメダル

ガン　ウサギ

ガンは、北《きた》の国《くに》から日本《にほん》へ来《き》て冬《ふゆ》を過《す》ごし、春《はる》になると北《きた》へ戻《もど》っていく渡《わた》り鳥《どり》。川《かわ》や湖《みずうみ》で見《み》られるサギの種類《しゅるい》はダイサギ、チュウサギ、コサギ、アオサギなど。長《なが》い耳《みみ》と大《おお》きな目《め》を持《も》っているウサギはペットとしても大人気《だいにんき》。イカは38・48・54・68・76・78ページも見《み》てね。

シュート決《き》め
気《き》分《ぶん》頂《ちょう》点《てん》
飛《と》びはねる

ヒント!

かくれている
動物《どうぶつ》の種類《しゅるい》は
5

ブンチョウ　トビ

シュートきめきぶんちょうてんとびはねる

トキ　チョウテン

トキの学名《がくめい》は「ニッポニア・ニッポン」というよ(→52ページ)。ブンチョウは、目《め》がまん丸《まる》で赤《あか》いふちどりがある小鳥《ことり》。トビは、ピーヒョロロとい高《たか》い声《こえ》で鳴《な》いてゆうゆうと空《そら》を飛《と》ぶ。テンは夏《なつ》と冬《ふゆ》で毛《け》の色《いろ》が変《か》わる、イタチの仲間《なかま》だよ。チョウは16・20・66ページも見《み》てね。

涼《すず》むしか
ないかも勉強《べんきょう》
放《ほう》りすて

ヒント!
かくれている
動物《どうぶつ》の種類《しゅるい》は
5

シカ　　カモ

すずむしかないかもべんきょうほうりすて

スズムシ　イカ　リス

スズムシのオスは大《おお》きな羽《はね》を広《ひろ》げて、リーンリーンときれいな音《おと》を出《だ》す。冬《ふゆ》になると湖《みずうみ》や沼《ぬま》で見《み》かけるマガモのオスは頭《あたま》が緑色《みどりいろ》でくちばしが黄色《きいろ》、首《くび》に白《しろ》い輪《わ》がある。リスは前歯《まえば》で固《かた》いクルミを割《わ》るよ(→60ページ)。シカは42・48・56・64ページ、イカは38・48・54・68・72・78ページも見《み》てね。

いたずらっ子《こ》
いるかいないか
いないよね

ヒント!
かくれている
動物《どうぶつ》の種類《しゅるい》は
5

コイ　カイ　カイ

いたずらっこいるかいないかいないよね

ラッコイルカ　イカ

おなかの上《うえ》で貝《かい》を割《わ》るラッコはイタチの仲間《なかま》。胴長《どうなが》で、たくさんの毛《け》でおおわれている。イルカは泳《およ》ぎながらジャンプもできるよ（→56ページ）。コイは44・70ページ、カイは42・54・58・68ページ、イカは38・48・54・68・72・76ページも見《み》てね。

動物《どうぶつ》かくれんぼ川柳《せんりゅう》

答《こたえ》には入《い》れなかった
けれど、「**ウ**」や「**カ**」や
「**ガ**」など、ほかの動物《どうぶつ》も
たくさんかくれて
いるんだよ

みんな、
わかったかな?

ページ	
3	きゅうくつに　なってこりごり　ランドセル
5	学校《がっこう》も　ぐらつく今朝《けさ》の　大《おお》じしん
7	へそくりを　たんすにしまう　ママにんまり
9	ほおたたき　つねってみても　夢《ゆめ》の中《なか》
11	けんかして　たんこぶたくさん　心《こころ》にも
13	強《つよ》すぎる　早《はや》く「弱《じゃく》」にして　扇風機《せんぷうき》
15	好《す》きなんだ　ちょうだいぼくに　そのケーキ
17	一年生《いちねんせい》　うちに帰《かえ》ると　すぐじゅくだ
19	学校《がっこう》の　とりわけみごとな　大《おお》いちょう
21	フライパン　だめよ楽器《がっき》に　しちゃったら
23	ホームラン　家《いえ》の屋根《やね》こえ　びっくりだ
25	きょうもねず　見回《みまわ》り父《とう》さん　ねこまぬよう
27	ケーキ屋《や》さん　ママが大好《だいす》き　りんごパイ
29	今晩《こんばん》も　グラタンにしてねと　ラインする
31	実《みの》りの秋《あき》　くさいというな　ぎんなんを
33	遊園地《ゆうえんち》　アトラクションは　混《こ》んどるよ
35	よくかめと　いわれていても　飲《の》みこんだ
37	失敗《しっぱい》から　すごいパンが　生《う》まれたよ
39	さあ昼《ひる》だ　さっさと食《く》いな　弁当《べんとう》を
41	チョコレート　これしかないの　試食会《ししょくかい》
43	気《き》になる子《こ》　ブランコいっしょに　乗《の》りたいな
45	このあんこ　うまくできたね　こどもの日《ひ》
47	あれはだめ　だからいかんと　しかるパパ
49	好《す》きだけど　始終《しじゅう》からぶり　また転《ころ》ぶ
51	ときめくよ　行《い》ってみたいな　宇宙《うちゅう》まで
53	かぜをひき　りんごのような　赤《あか》い顔《かお》
55	しかられて　泣《な》いているから　かばい合《あ》い
57	合唱《がっしょう》は　声《こえ》たかだかに　音楽会《おんがくかい》
59	学校《がっこう》の　庭《にわ》にはち植《う》え　アマリリス
61	宝《たから》くじ　いい夢見《ゆめみ》たが　目《め》が覚《さ》めた
63	しかめ面《つら》　整理《せいり》せいとん　ぼく苦手《にがて》
65	ちょうかれい　またぬきシュート　初《はつ》ゴール
67	今日《きょう》てつや　ギター練習《れんしゅう》　再開《さいかい》だ
69	冷蔵庫《れいぞうこ》　入《い》れた板《いた》チョコ　消《き》えちゃった
71	がんばれば　願《ねが》いかなうさ　銀《ぎん》メダル
73	シュート決《き》め　気分頂点《きぶんちょうてん》　飛《と》びはねる
75	涼《すず》むしか　ないかも勉強《べんきょう》　放《ほう》りすて
77	いたずらっ子《こ》　いるかいないか　いないよね

【さく】

有田沙梨子（あるた さりこ）

1956年、群馬県生まれ、栃木県育ち。大学入学後は東京在住で、現在は大学で歴史学を教えている。息子が通った区立小学校で、PTA仲間として、児童文学作家の山口タオさんと出会う。《人間にとって大事な能力である想像力を鍛える本をいろいろ出されている山口タオさんは、ダジャレなど、言葉遊びに関する本にも力を発揮されています。この本は、タオさんの『ことばかくれんぼ』（岩崎書店）から着想を得て、それを五七五の定型に当てはめてみたところから生まれました。熊谷博人さんの素晴らしい絵のおかげで、良き作品に仕上がりました。子どもはもちろん、大人も言葉遊びを楽しみながら、頭を柔軟にしてくださるとうれしいです。》

【え】

熊谷博人（くまがい ひろと）

1941年、東京で生まれ、3歳から長野県阿智村で育つ。美大卒業後、5年間出版社勤務。ブックデザイナーとして独立し、文芸書、画集、写真集などの装丁やレイアウトを行う。著書は『江戸文様こよみ』（朝日新聞出版）、『和更紗江戸デザイン帳』（クレオ）、『うれしたのし江戸文様』（福音館書店〔月刊「たくさんのふしぎ」2021年1月号〕）、『木賊』（法蔵館）など多数。

デザイン： 望月文子（熊谷事務所）

編　集 ： 下平紀代子（Office Q.U.U.）・天野みか（かもがわ出版）

このページにも
動物《どうぶつ》たちが
かくれているね

動物かくれんぼ川柳　いたずらっこ いるか いないか

2025年5月1日　初版第一刷発行

作　有田沙梨子

絵　熊谷博人

発行者　田村太郎

発行所　株式会社 かもがわ出版
〒602-8119　京都市上京区堀川通出水西入
TEL 075-432-2868　FAX 075-432-2869
振替　01010-5-12436

印刷所　シナノ書籍印刷株式会社

ISBN978-4-7803-1369-7 C8092　Printed in Japan［堅牢製本］

みんなも動物《どうぶつ》かくれんぼ川《せん》柳《りゅう》を作《つく》ってみよう！ じょうずな作品《さくひん》ができたら、編集部《へんしゅうぶ》まで送《おく》ってね。この本《ほん》の感想《かんそう》もまってるよ。